Dedicado a mi primogénito, Gerardo de Lascurain Candano, quien ha traído tanta alegría a nuestras familias. Creo que los niños son el regalo más asombroso del cielo y es nuestra responsabilidad sembrar en ellos semillas de grandeza.

To my firstborn son, Gerardo de Lascurain Candano, who has brought so much joy to our families. I think kids are the most amazing gift from heaven and it's our responsibility to sow in them seeds of greatness.

Juan de Lascurain

www.dreambigworld.com

bilingüe · bilingual

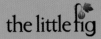

Todas las preguntas debe ser dirigidas a Star Bright Books
All inquiries should be addressed to Star Bright Books
13 Landsdowne St., Cambridge, MA 02139
email: orders@starbrightbooks.com | tel: (617) 354-1300

Hardcover ISBN: 978-1-59572-809-8
Paperback ISBN: 978-1-59572-810-4
Star Bright Books / MA / 00109180
Printed in China / Toppan / 9 8 7 6 5 4 3 2 1

Printed on paper from sustainable forests.

Library of Congress Cataloging-in-Publication Data is available.

Fran de Lascurain

Animal ABC

bilingüe · bilingual

STAR BRIGHT BOOKS
CAMBRIDGE MASSACHUSETTS

Antílope

Antelope

Búfalo
Buffalo

Cangrejo

Crab

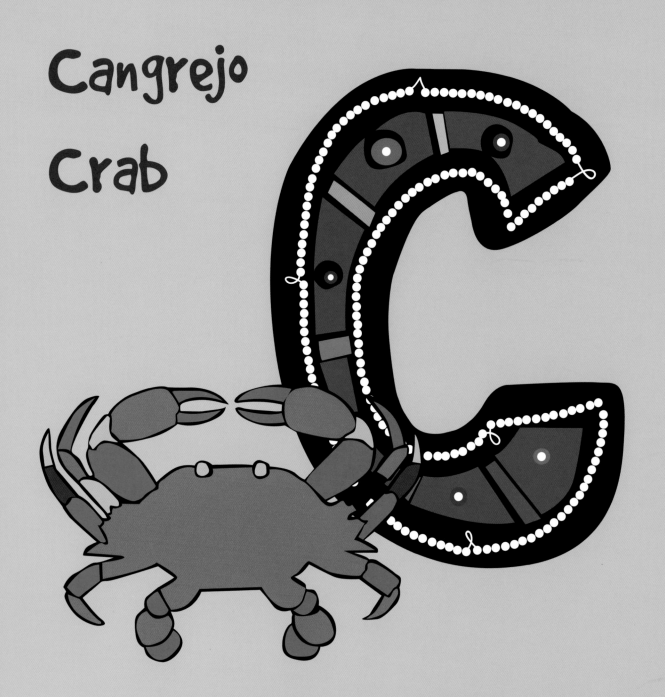

Delfín

Dolphin

Elefante

Elephant

flamenco

flamingo

Gorila

Gorilla

Hipopótamo

Hippopotamus

Iguana

Iguana

Jaguar

Jaguar

kucaburra

kookaburra

Llama

Llama

Mono
Monkey

Narval

Narwhal

Ostra

Oyster

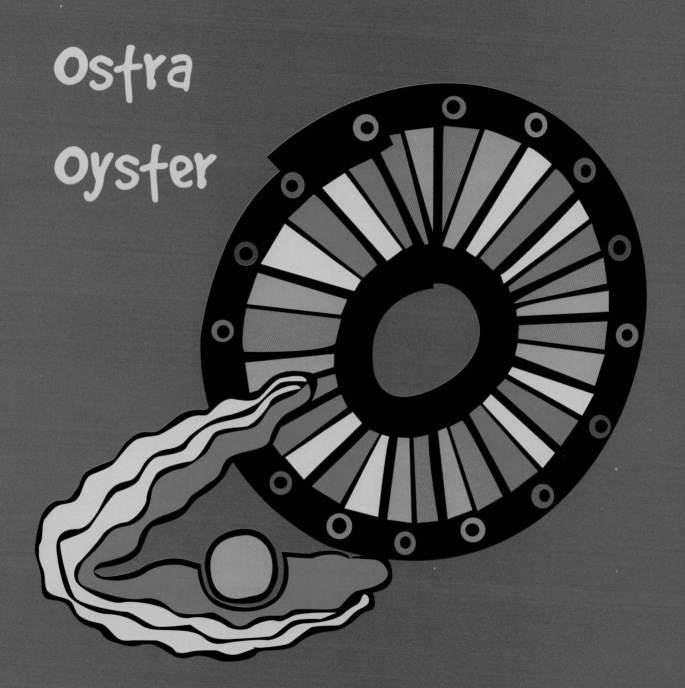

Pingüino

Penguin

Quetzal

Quetzal

Rinoceronte

Rhinoceros

Serpiente

Snake

Tortuga
Turtle

Unicornio

Unicorn

Velociraptor

Velociraptor

Walabí

Wallaby

Xolo

Xolo

Yak
Yak

Zebrallo

Zorse

Los cuernos de los **antílopes** pueden ser cortos y lisos o largos y curvos con bordes estriados. Viven y viajan en rebaños.

Antelopes' horns can be short and smooth or long and curved with ridged edges. They live and travel in herds.

Los **búfalos** acicalan su lanudo pelaje frotando contra rocas y árboles. Sus colas son largas y les sirven para espantar insectos.

Buffalos groom their shaggy fur by rubbing against rocks and trees. Their tails are long and are used to swat bugs.

Los **cangrejos** tienen dos fuertes tenazas frontales para atrapar comida. Tienen dientes en sus estómagos para comer.

Crabs have two strong front claws to catch food. They use teeth in their stomachs to eat.

Los **delfínes** contienen la respiración bajo el agua y salen a la superficie a respirar. Se comunican usando chirridos, silbidos, chasquidos y otros sonidos.

Dolphins hold their breath underwater and resurface to breathe. They communicate using chirps, whistles, clicks, and other sounds.

Los **elefantes** comen entre 200 y 600 libras de comida todos los días. Los **elefantes** no pueden saltar y pueden vivir aproximadamente 60 años.

Elephants eat between 200 and 600 pounds of food each day. **Elephants** cannot jump and can live for approximately 60 years.

Los **flamencos** obtienen su color al comer algas y camarones. Atrapan la comida volteando la cabeza al revés y usando el pico como pala en el agua.

Flamingos get their color from eating algae and shrimp. They catch food by turning their heads and scooped beaks upside down in water.

Los **gorilas** se golpean el pecho y hacen ruidos fuertes para protegerse. Las arrugas alrededor de la nariz de un **gorila** son únicas, igual que las huellas dactilares de los humanos.

Gorillas beat their chests and make loud noises to protect themselves. The wrinkles around a **gorilla**'s nose are unique, just like human fingerprints.

Los **hipopótamos** duermen con el cuerpo sumergido a medias en el agua. Solo sus ojos, orejas y nariz se asoman por encima de la superficie. Excretan aceite que los protege de las quemaduras de sol.

Hippopotamuses sleep halfway submerged in water. Only their eyes, ears, and noses poke above the surface. They excrete oil that protects them from getting sunburned.

Los **jaguares** son nadadores grandes y poderosos y generalmente cazan de noche. Pertenecen a la familia de los gatos.

Jaguars are large, powerful swimmers and usually hunt at night. They belong to the cat family.

Las **llamas** son animales apacibles, pero cuando se enojan escupen, patean, silban e incluso se tumban al suelo en señal de protesta.

Llamas are gentle animals, but when angry, they will spit, kick, hiss, and even lie down in protest.

Los **narvales** tienen un cuerno en espiral, que es en realidad uno de sus dos dientes. Los machos usan su cuerno como arma.

Narwhals have a spiral horn, which is actually one of their two teeth. Males use their horns as weapons.

Las **iguanas** tienen garras afiladas para escalar y largas colas para pelear. Algunas especies pueden permanecer bajo el agua durante casi 30 minutos.

Iguanas have sharp claws for climbing and long tails for fighting. Some species can stay underwater for nearly 30 minutes.

Las **kucaburras** se posan en lo alto y descienden en picada para capturar insectos y pequeños animales en el suelo. Los sonidos que emiten suenan como risas.

Kookaburras perch up high and swoop down to capture insects and small animals on the ground. Their call sounds like laughing.

Los **monos** pueden ser tan pequeños como hámsteres o tan grandes como perros Labrador. Cuando un **mono** sonríe, significa que está enojado.

Monkeys can be as small as hamsters or as big as Labrador dogs. When a **monkey** grins, it means it is angry.

Las **ostras** filtran agua a través de sus agallas para colectar alimentos. En algunas especies, un pequeño grano de arena o concha atrapado dentro de su concha se convertirá en una perla.

Oysters filter water through their gills to collect food. In some species, a tiny particle of sand or shell stuck inside the their shell will become a pearl.

Los **quetzales** son pájaros muy coloridos con ojos grandes que los ayudan a ver con poca luz. Las colas de los **quetzales** machos pueden crecer hasta el doble del largo de su cuerpo.

Quetzals are very colorful birds with large eyes that help them see in dim light. The tails of male **quetzals** can grow to twice as long as their bodies.

Las **serpientes** huelen con sus lenguas y escuchan con sus escamas y huesos del cráneo. Sus mandíbulas pueden abrirse lo suficiente como para tragar animales pequeños enteros.

Snakes smell with their tongues and hear with their scales and skull bones. Their jaws can open wide enough to swallow small animals whole.

¡Los **pingüinos** no pueden volar! Usan sus alas como aletas cuando nadan. En superficies de hielo, los **pingüinos** pueden deslizarse sobre su panza.

Penguins cannot fly! They use their wings like flippers when they swim. On icy surfaces, **penguins** can slide around on their bellies.

Los **rinocerontes** tienen una vista deficiente, pero fuerte sentido del olfato y oído. Sus cuernos están hechos del mismo material que hay en el cabello y las uñas de los humanos.

Rhinoceroses have poor eyesight, but strong senses of smell and hearing. Their horns are made of the same stuff in a human's hair and fingernails.

El caparazón de las **tortugas** es parte de su esqueleto. ¡Algunas **tortugas** existían al mismo tiempo que los dinosaurios!

Turtles' shells are part of their skeletons. Some **turtles** lived at the same time as dinosaurs!

Los **unicornios** son animales imaginarios, parecidos a un caballo con un cuerno en medio de la frente. Se dice que son mágicos e imposibles de atrapar por los humanos.

Unicorns are imaginary, horse-like animals with a horn in the middle of their forehead. They are said to be magical and impossible for humans to catch.

Los **walabís**, como los canguros, brincan sobre dos fuertes patas traseras y usan sus colas para mantener el equilibrio y pelear. Los recién nacidos son tan pequeños como una goma de dulce.

Wallabies, like kangaroos, hop around on two strong back legs and use their tails for balance and fighting. Newborn babies are as tiny as jellybeans.

Los **yaks** tienen pelaje lanudo y calientito y una temperatura corporal más alta que la mayoría de los mamíferos. Pueden vivir en elevadas altitudes.

Yaks have shaggy, warm coats and a higher body temperature than most mammals. They can live in high altitudes.

Los **velocirraptores** eran dinosaurios agresivos que cazaban animales pequeños y otros dinosaurios. Vivieron entre 84 y 65 millones de años atrás.

Velociraptors were aggressive dinosaurs that hunted small animals and other dinosaurs. They lived between 84 and 65 million years ago.

Los **xolos**, también llamados perros mexicanos sin pelo son una de las razas de perros más antiguas, existen desde hace unos 3,000 años.

Xolos, also called Mexican hairless dogs, are one of the oldest dog breeds, dating as far back as 3,000 years.

Los **zebrallos** siempre tienen un papá cebra y una mamá caballo. ¡Pueden ver más claramente en la oscuridad que los humanos!

Zorses always have a zebra father and horse mother. They can see more clearly in the dark than humans!